PLATTE FRÜNNEN

Plattdeutsches Freundschaftsbuch

Texte: Rainer Bösel
Illustrationen: Björn Voges

Band 2 aus der PlattSnack-Reihe

Die plattdeutsche Schreibweise des Autors wurde unverändert übernommen und kann regional unterschiedlich sein.

Bibliografische Information der Deutschen Nationalbibliothek: Die Deutsche Nationalbibliothek verzeichnet diese Publikation in der Deutschen Nationalbibliografie; detaillierte bibliografi- sche Daten sind im Internet über dnb.dnb.de abrufbar.

Texte: Rainer Bösel
Gesamtgestaltung und Illustration: Björn Voges

ISBN 978-3-7578-5999-2

Herstellung und Verlag:
BoD – Books on Demand, Norderstedt

MOIN

Weetst du noch?

STREAMING DIENST

SOCIAL MEDIA

KIOSK

VIDEO THEK

MOBIL TELEFON

STA WRS

GOOGLE

WHATS APP

VÖRWOORT

Der Autor sowie der Illustrator dieses Büchleins sind in ihrer Kindheit und Jugend in ganz unterschiedlichen Regionen mit der niederdeutschen Sprache aufgewachsen und haben diese unbemerkt aufgenommen, gesprochen und schätzen gelernt.

Erst später hat sich ihnen erschlossen, dass es sich bei dem „Plattdeutschen" nicht einfach um eine Mundart des Hochdeutschen handelt, sondern um eine eigene Sprache – mit vielen Mundarten – auf dem Weg der Evolution vom Althochdeutschen über das Mittelhochdeutsche bis zur heutigen, modernen deutschen Sprache.

Wer von dem mittelalterlichen Walther von der Vogelweide das herrliche Gedicht „Ik saz uf eime steine …" als Schüler*in oder Student*in der Germanistik kennengelernt hat, kann den Zusammenhang zum Niederdeutschen unschwer nachvollziehen.

Autor und Illustrator kennen sich seit vielen Jahren, haben jedoch erst jetzt voneinander die Neigungen zum Texte Schreiben sowie zum künstlerischen Gestalten durch Malen und Zeichnen erkannt. Fast gleichzeitig kam ihnen die Idee, daraus ein gemeinsames Buch werden zu lassen.

Beide möchten mithelfen, dem „Plattdüütschen" wieder mehr Aufmerksamkeit zukommen zu lassen – und das auf eine humorvolle Weise.

Hierzu haben sie bereits den Titel „PlattSnack" mit plattdeutschen Kurzgeschichten und hintersinnigen Illustrationen aufgelegt.

Fründschop is wat Wunnerbores, wat Kostbores, dat twüschen Minschen, of jung oder oolt, wassen kann.

Se is en Schatt, den du höden un plegen müsst.

Al in dat Leed „Ein Freund, ein guter Freund …", dat ok vun de Comedian Harmonists sungen wöör, is de Snack vun dat Best op de Welt.

Ok bi Freddy Quinn geiht dat in sien Slager „Du brauchst doch immer wieder einen Freund …" üm hoge Weerten, de för en Fründschop wichtig sünd: dat du tru un ehrlich büst, dat du mitföhlst un nich toeerst an di denkst.

Un sülvst de Rockband Queen singt „Friends will be friends".

„Fründ" kann un mütt natüürlich jüstso „Fründin" heten! De Fründschop hangt nich dorvun af, wat du en Mann oder en Fru, en Deern oder en Jung büst. Se kann sik in'n Kinnergoorn, in de School, in'n Beroop oder ok eerst in't Öller instellen.

Fründschop lött sik nich dwingen, se is op eenmal dor; du schusst di nich vör ehr tosluten, man för se praat wesen. Du kannst ehr ok geern söken.

Dat is nich nödig, bannig vele Fründschoppen to sluten; ok wenige besünners gode sünd en hooch Goot. Aver dat müsst du ehren un höden.

Worüm en Fründschopsbook?

So en lütt Book höllt een Reeg vun Angaven fast över dien Fründinnen un Frünnen, de se över sik sülvst oder över di maakt hebbt. Se warrt ok ehr goden Wünsch för di opschrieven oder vertellen, wat ju gemeensam utmaakt.

MIEN STECKBREEF

Vör- un Tonaam:

....

Ökelnaam:

....

Hier wohn ik:

....

....

Roop mi an:

....

So oolt bün ik: ....

So oolt föhl

ik mi: ....

Schriev mi en Email:

....

DAT KANN IK

	heel goot	geiht so	gor nich goot
Krabben pulen	☐	☐	☐
Stricken	☐	☐	☐
Inparken	☐	☐	☐
Koken	☐	☐	☐
Döntjes vertellen	☐	☐	☐
en Reed holen	☐	☐	☐
Koppreken	☐	☐	☐
Platt	☐	☐	☐
Angeln	☐	☐	☐

Wenn ik en Beest weer,
weer ik:

....

Ik kann nich lieden,
wenn mi een so nöömt:

....

Mien Levensphilosophie:

....

....

X = Dor weer ik al   O = Dor will ik hen

MIEN STECKBREEF

Vör- un Tonaam:

....

Ökelnaam:

....

Ik kann nich lieden,
wenn mi een so nöömt:

....

So oolt bün ik: ....

So oolt föhl ik mi: ....

Mien Levensphilosophie:

....

....

....

WI SÜND

☐ verwandt

☐ Frünnen

☐ Kollegen

☐ dat is vigeliensch

DAT BÜN IK

Hier wohn ik:

....

....

Hier wöör ik geern
wohnen:

....

Roop mi an:

....

Schriev mi en Email:

....

 Wenn ik wat Sööts weer, weer ik:

....

VERTELL MI WAT

Dorher kennt wi uns: ....

   Disse Superkraft harr ik geern: ....

  Dat mag ik besünners an di: ....

....

Dat wöör ik geern mit di beleven: ....

....

   Dat wull ik di al jümmer mol vertellen: ....

....

Dit Eten kann ik bannig goot koken: ....

  Dat Pienlichste, wat mi al passeert is: ....

....

Ik heff Bammel vör: ....

   Dat weetst du wiss nich vun mi: ....

....

To disse Musik dann ik an'n leefsten: ....

DAT KANN IK	heel goot	geiht so	gor nich goot
Krabben pulen	☐	☐	☐
Stricken	☐	☐	☐
Inparken	☐	☐	☐
Koken	☐	☐	☐
Döntjes vertellen	☐	☐	☐
en Reed holen	☐	☐	☐
Koppreken	☐	☐	☐
Platt	☐	☐	☐
Angeln	☐	☐	☐

MIEN STECKBREEF

Vör- un Tonaam:

....

Ökelnaam:

....

Hier wohn ik:

....

....

Roop mi an:

....

DAT BÜN IK

Schriev mi en Email:

....

Dorher kennt wi uns:

....

Disse Superkraft harr ik geern:

....

Dat mag ik besünners an di:

....

Dat wöör ik geern mit di beleven:

....

Dat wull ik di al jümmer mol vertellen:

....

Wenn ik en Beest weer, weer ik:

....

WI SÜND

☐ verwandt
  ☐ Frünnen
☐ Kollegen
  ☐ dat is vigeliensch

DIT UN DAT

See \ Meer
Koffie / Tee
Rock \ Slagers
Sommer / Winter
Hund \ Katt
Afbrusen / Baden
Bruus \ still Water
Wien / Beer
Uul \ Nachtigall
Auto / Fohrrad
Schokolaad \ Wust
bunt / swatt-witt
sülvst maken \ kopen

X = Dor weer ik al   **O** = Dor will ik hen

MIEN STECKBREEF

Vör- un Tonaam:

....

Ökelnaam:

....

Ik kann nich lieden,
wenn mi een so nöömt:

....

So oolt bün ik: ....

So oolt föhl ik mi: ....

Mien Levensphilosophie:

....

....

....

WI SÜND

☐ verwandt

☐ Frünnen

☐ Kollegen

☐ dat is vigeliensch

DAT BÜN IK

Hier wohn ik:

....

....

Hier wöör ik geern

wohnen:

....

Roop mi an:

....

Schriev mi en Email:

....

Wenn ik wat Sööts weer, weer ik:

....

VERTELL MI WAT

Dorher kennt wi uns: ....

Disse Superkraft harr ik geern: ....

Dat mag ik besünners an di: ....

....

Dat wöör ik geern mit di beleven: ....

....

Dat wull ik di al jümmer mol vertellen: ....

....

Dit Eten kann ik bannig goot koken: ....

Dat Pienlichste, wat mi al passeert is: ....

....

Ik heff Bammel vör: ....

Dat weetst du wiss nich vun mi: ....

....

To disse Musik dann ik an'n leefsten: ....

DAT KANN IK

	heel goot	geiht so	gor nich goot
Krabben pulen	☐	☐	☐
Stricken	☐	☐	☐
Inparken	☐	☐	☐
Koken	☐	☐	☐
Döntjes vertellen	☐	☐	☐
en Reed holen	☐	☐	☐
Koppreken	☐	☐	☐
Platt	☐	☐	☐
Angeln	☐	☐	☐

MIEN STECKBREEF

Vör- un Tonaam:

....

Ökelnaam:

....

Hier wohn ik:

....

....

Roop mi an:

....

Schriev mi en Email:

....

DAT BÜN IK

Dorher kennt wi uns:

....

Disse Superkraft harr ik geern:

....

Dat mag ik besünners an di:

....

Dat wöör ik geern mit di beleven:

....

Dat wull ik di al jümmer mol vertellen:

....

Wenn ik en Beest weer, weer ik:

....

WI SÜND

- ☐ verwandt
- ☐ Frünnen
- ☐ Kollegen
- ☐ dat is vigeliensch

DIT UN DAT

See \ Meer
Koffie / Tee
Rock \ Slagers
Sommer / Winter
Hund \ Katt
Afbrusen / Baden
Bruus \ still Water
Wien / Beer
Uul \ Nachtigall
Auto / Fohrrad
Schokolaad \ Wust
bunt / swatt-witt
sülvst maken \ kopen

X = Dor weer ik al   **O** = Dor will ik hen

MIEN STECKBREEF

Vör- un Tonaam:

....

Ökelnaam:

....

Ik kann nich lieden,
wenn mi een so nöömt:

....

So oolt bün ik: ....

So oolt föhl ik mi: ....

Mien Levensphilosophie:

....

....

....

WI SÜND

☐ verwandt

☐ Frünnen

☐ Kollegen

☐ dat is vigeliensch

DAT BÜN IK

Hier wohn ik:

....

....

Hier wöör ik geern
wohnen:

....

Roop mi an:

....

Schriev mi en Email:

....

 Wenn ik wat Sööts weer, weer ik:

....

VERTELL MI WAT

Dorher kennt wi uns: ....

  Disse Superkraft harr ik geern: ....

 Dat mag ik besünners an di: ....

....

Dat wöör ik geern mit di beleven: ....

....

  Dat wull ik di al jümmer mol vertellen: ....

....

Dit Eten kann ik bannig goot koken: ....

  Dat Pienlichste, wat mi al passeert is: ....

....

Ik heff Bammel vör: ....

  Dat weetst du wiss nich vun mi: ....

....

To disse Musik dann ik an'n leefsten: ....

DAT KANN IK	heel goot	geiht so	gor nich goot
Krabben pulen	☐	☐	☐
Stricken	☐	☐	☐
Inparken	☐	☐	☐
Koken	☐	☐	☐
Döntjes vertellen	☐	☐	☐
en Reed holen	☐	☐	☐
Koppreken	☐	☐	☐
Platt	☐	☐	☐
Angeln	☐	☐	☐

MIEN STECKBREEF

Vör- un Tonaam:

....

Ökelnaam:

....

Ik kann nich lieden,
wenn mi een so nöömt:

....

So oolt bün ik: ....

So oolt föhl ik mi: ....

Mien Levensphilosophie:

....

....

....

WI SÜND

☐ verwandt
  ☐ Frünnen
☐ Kollegen
  ☐ dat is vigeliensch

DAT BÜN IK

Hier wohn ik:

....

....

Hier wöör ik geern
wohnen:

....

Roop mi an:

....

Schriev mi en Email:

....

Wenn ik wat Sööts weer, weer ik:

....

26

VERTELL MI WAT

Dorher kennt wi uns: ....

   Disse Superkraft harr ik geern: ....

  Dat mag ik besünners an di: ....

....

Dat wöör ik geern mit di beleven: ....

....

   Dat wull ik di al jümmer mol vertellen: ....

....

Dit Eten kann ik bannig goot koken: ....

  Dat Pienlichste, wat mi al passeert is: ....

....

Ik heff Bammel vör: ....

   Dat weetst du wiss nich vun mi: ....

....

To disse Musik dann ik an'n leefsten: ....

DAT KANN IK

	heel goot	geiht so	gor nich goot
Krabben pulen	☐	☐	☐
Stricken	☐	☐	☐
Inparken	☐	☐	☐
Koken	☐	☐	☐
Döntjes vertellen	☐	☐	☐
en Reed holen	☐	☐	☐
Koppreken	☐	☐	☐
Platt	☐	☐	☐
Angeln	☐	☐	☐

MIEN STECKBREEF

DAT BÜN IK

Vör- un Tonaam:

....

Ökelnaam:

....

Hier wohn ik:

....

....

Roop mi an:

....

Schriev mi en Email:

....

Dorher kennt wi uns:

....

Disse Superkraft harr ik geern:

....

Dat mag ik besünners an di:

....

Dat wöör ik geern mit di beleven:

....

Dat wull ik di al jümmer mol vertellen:

....

Wenn ik en Beest weer, weer ik:

....

WI SÜND

☐ verwandt

☐ Frünnen

☐ Kollegen

☐ dat is vigeliensch

DIT UN DAT

See \ Meer

Koffie / Tee

Rock \ Slagers

Sommer / Winter

Hund \ Katt

Afbrusen / Baden

Bruus \ still Water

Wien / Beer

Uul \ Nachtigall

Auto / Fohrrad

Schokolaad \ Wust

bunt / swatt-witt

sülvst maken \ kopen

X = Dor weer ik al **O** = Dor will ik hen

MIEN STECKBREEF

Vör- un Tonaam:

....

Ökelnaam:

....

Ik kann nich lieden,
wenn mi een so nöömt:

....

So oolt bün ik: ....

So oolt föhl ik mi: ....

Mien Levensphilosophie:

....

....

....

WI SÜND

☐ verwandt

   ☐ Frünnen

☐ Kollegen

   ☐ dat is vigeliensch

DAT BÜN IK

Hier wohn ik:

....

....

Hier wöör ik geern

wohnen:

....

Roop mi an:

....

Schriev mi en Email:

....

Wenn ik wat Sööts weer, weer ik:

....

30

VERTELL MI WAT

Dorher kennt wi uns: ....

   Disse Superkraft harr ik geern: ....

  Dat mag ik besünners an di: ....

....

Dat wöör ik geern mit di beleven: ....

....

   Dat wull ik di al jümmer mol vertellen: ....

....

Dit Eten kann ik bannig goot koken: ....

  Dat Pienlichste, wat mi al passeert is: ....

....

Ik heff Bammel vör: ....

   Dat weetst du wiss nich vun mi: ....

....

To disse Musik dann ik an'n leefsten: ....

DAT KANN IK	heel goot	geiht so	gor nich goot
Krabben pulen	☐	☐	☐
Stricken	☐	☐	☐
Inparken	☐	☐	☐
Koken	☐	☐	☐
Döntjes vertellen	☐	☐	☐
en Reed holen	☐	☐	☐
Koppreken	☐	☐	☐
Platt	☐	☐	☐
Angeln	☐	☐	☐

MIEN STECKBREEF

DAT BÜN IK

Vör- un Tonaam:

....

Ökelnaam:

....

Hier wohn ik:

....

....

Roop mi an:

....

Schriev mi en Email:

....

Dorher kennt wi uns:

....

Disse Superkraft harr ik geern:

....

Dat mag ik besünners an di:

....

Dat wöör ik geern mit di beleven:

....

Dat wull ik di al jümmer mol vertellen:

....

Wenn ik en Beest weer, weer ik:

....

WI SÜND

- ☐ verwandt
- ☐ Frünnen
- ☐ Kollegen
- ☐ dat is vigeliensch

DIT UN DAT

See \ Meer
Koffie / Tee
Rock \ Slagers
Sommer / Winter
Hund \ Katt
Afbrusen / Baden
Bruus \ still Water
Wien / Beer
Uul \ Nachtigall
Auto / Fohrrad
Schokolaad \ Wust
bunt / swatt-witt
sülvst maken \ kopen

X = Dor weer ik al   **O** = Dor will ik hen

MIEN STECKBREEF

Vör- un Tonaam:

....

Ökelnaam:

....

Ik kann nich lieden,
wenn mi een so nöömt:

....

So oolt bün ik: ....

So oolt föhl ik mi: ....

Mien Levensphilosophie:

....

....

....

WI SÜND

☐ verwandt

☐ Frünnen

☐ Kollegen

☐ dat is vigeliensch

DAT BÜN IK

Hier wohn ik:

....

....

Hier wöör ik geern

wohnen:

....

Roop mi an:

....

Schriev mi en Email:

....

Wenn ik wat Sööts weer, weer ik:

....

VERTELL MI WAT

Dorher kennt wi uns: ....

   Disse Superkraft harr ik geern: ....

 Dat mag ik besünners an di: ....

....

Dat wöör ik geern mit di beleven: ....

....

   Dat wull ik di al jümmer mol vertellen: ....

....

Dit Eten kann ik bannig goot koken: ....

  Dat Pienlichste, wat mi al passeert is: ....

....

Ik heff Bammel vör: ....

   Dat weetst du wiss nich vun mi: ....

....

To disse Musik dann ik an'n leefsten: ....

DAT KANN IK

heel goot / geiht so / gor nich goot

	heel goot	geiht so	gor nich goot
Krabben pulen	☐	☐	☐
Stricken	☐	☐	☐
Inparken	☐	☐	☐
Koken	☐	☐	☐
Döntjes vertellen	☐	☐	☐
en Reed holen	☐	☐	☐
Koppreken	☐	☐	☐
Platt	☐	☐	☐
Angeln	☐	☐	☐

MIEN STECKBREEF

Vör- un Tonaam:

....

Ökelnaam:

....

Hier wohn ik:

....

....

Roop mi an:

....

Schriev mi en Email:

....

DAT BÜN IK

Dorher kennt wi uns:

....

Disse Superkraft harr ik geern:

....

Dat mag ik besünners an di:

....

Dat wöör ik geern mit di beleven:

....

Dat wull ik di al jümmer mol vertellen:

....

Wenn ik en Beest weer, weer ik:

....

WI SÜND

- ☐ verwandt
  - ☐ Frünnen
- ☐ Kollegen
  - ☐ dat is vigeliensch

DIT UN DAT

See \ Meer
Koffie / Tee
Rock \ Slagers
Sommer / Winter
Hund \ Katt
Afbrusen / Baden
Bruus \ still Water
Wien / Beer
Uul \ Nachtigall
Auto / Fohrrad
Schokolaad \ Wust
bunt / swatt-witt
sülvst maken \ kopen

X = Dor weer ik al   O = Dor will ik hen

37

MIEN STECKBREEF

Vör- un Tonaam:

....

Ökelnaam:

....

Ik kann nich lieden,
wenn mi een so nöömt:

....

So oolt bün ik: ....

So oolt föhl ik mi: ....

Mien Levensphilosophie:

....

....

....

WI SÜND

☐ verwandt

   ☐ Frünnen

☐ Kollegen

   ☐ dat is vigeliensch

DAT BÜN IK

Hier wohn ik:

....

....

Hier wöör ik geern
wohnen:

....

Roop mi an:

....

Schriev mi en Email:

....

Wenn ik wat Sööts weer, weer ik:

....

VERTELL MI WAT

Dorher kennt wi uns: ....

   Disse Superkraft harr ik geern: ....

  Dat mag ik besünners an di: ....

....

Dat wöör ik geern mit di beleven: ....

....

    Dat wull ik di al jümmer mol vertellen: ....

....

Dit Eten kann ik bannig goot koken: ....

  Dat Pienlichste, wat mi al passeert is: ....

....

Ik heff Bammel vör: ....

   Dat weetst du wiss nich vun mi: ....

....

To disse Musik dann ik an'n leefsten: ....

DAT KANN IK

	heel goot	geiht so	gor nich goot
Krabben pulen	☐	☐	☐
Stricken	☐	☐	☐
Inparken	☐	☐	☐
Koken	☐	☐	☐
Döntjes vertellen	☐	☐	☐
en Reed holen	☐	☐	☐
Koppreken	☐	☐	☐
Platt	☐	☐	☐
Angeln	☐	☐	☐

MIEN STECKBREEF

Vör- un Tonaam:

....

Ökelnaam:

....

Hier wohn ik:

....

....

Roop mi an:

....

Schriev mi en Email:

....

DAT BÜN IK

Dorher kennt wi uns:

....

Disse Superkraft harr ik geern:

....

Dat mag ik besünners an di:

....

Dat wöör ik geern mit di beleven:

....

Dat wull ik di al jümmer mol vertellen:

....

Wenn ik en Beest weer, weer ik:

....

WI SÜND

☐ verwandt

  ☐ Frünnen

☐ Kollegen

  ☐ dat is vigeliensch

DIT UN DAT

See \ Meer
Koffie / Tee
Rock \ Slagers
Sommer / Winter
Hund \ Katt
Afbrusen / Baden
Bruus \ still Water
Wien / Beer
Uul \ Nachtigall
Auto / Fohrrad
Schokolaad \ Wust
bunt / swatt-witt
sülvst maken \ kopen

X = Dor weer ik al   **O** = Dor will ik hen

MIEN STECKBREEF

Vör- un Tonaam:

....

Ökelnaam:

....

Ik kann nich lieden,
wenn mi een so nöömt:

....

So oolt bün ik: ....

So oolt föhl ik mi: ....

Mien Levensphilosophie:

....

....

....

WI SÜND

☐ verwandt

☐ Frünnen

☐ Kollegen

☐ dat is vigeliensch

DAT BÜN IK

Hier wohn ik:

....

....

Hier wöör ik geern

wohnen:

....

Roop mi an:

....

Schriev mi en Email:

....

Wenn ik wat Sööts weer, weer ik:

....

VERTELL MI WAT

Dorher kennt wi uns: ....

   Disse Superkraft harr ik geern: ....

  Dat mag ik besünners an di: ....

....

Dat wöör ik geern mit di beleven: ....

....

   Dat wull ik di al jümmer mol vertellen: ....

....

Dit Eten kann ik bannig goot koken: ....

  Dat Pienlichste, wat mi al passeert is: ....

....

Ik heff Bammel vör: ....

   Dat weetst du wiss nich vun mi: ....

....

To disse Musik dann ik an'n leefsten: ....

DAT KANN IK

	heel goot	geiht so	gor nich goot
Krabben pulen	☐	☐	☐
Stricken	☐	☐	☐
Inparken	☐	☐	☐
Koken	☐	☐	☐
Döntjes vertellen	☐	☐	☐
en Reed holen	☐	☐	☐
Koppreken	☐	☐	☐
Platt	☐	☐	☐
Angeln	☐	☐	☐

MIEN STECKBREEF

DAT BÜN IK

Vör- un Tonaam:
....

Ökelnaam:
....

Hier wohn ik:
....
....

Roop mi an:
....

Schriev mi en Email:
....

Dorher kennt wi uns:
....

Disse Superkraft harr ik geern:
....

Dat mag ik besünners an di:
....

Dat wöör ik geern mit di beleven:
....

Dat wull ik di al jümmer mol vertellen:
....

44

Wenn ik en Beest weer, weer ik:

....

WI SÜND

- ☐ verwandt
- ☐ Frünnen
- ☐ Kollegen
- ☐ dat is vigeliensch

DIT UN DAT

See \ Meer
Koffie / Tee
Rock \ Slagers
Sommer / Winter
Hund \ Katt
Afbrusen / Baden
Bruus \ still Water
Wien / Beer
Uul \ Nachtigall
Auto / Fohrrad
Schokolaad \ Wust
bunt / swatt-witt
sülvst maken \ kopen

X = Dor weer ik al   **O** = Dor will ik hen

MIEN STECKBREEF

Vör- un Tonaam:

....

Ökelnaam:

....

Ik kann nich lieden, wenn mi een so nöömt:

....

So oolt bün ik: ....

So oolt föhl ik mi: ....

Mien Levensphilosophie:

....

....

....

WI SÜND

☐ verwandt

☐ Frünnen

☐ Kollegen

☐ dat is vigeliensch

DAT BÜN IK

Hier wohn ik:

....

....

Hier wöör ik geern wohnen:

....

Roop mi an:

....

Schriev mi en Email:

....

Wenn ik wat Sööts weer, weer ik:

....

VERTELL MI WAT

Dorher kennt wi uns: ....

   Disse Superkraft harr ik geern: ....

 Dat mag ik besünners an di: ....

....

Dat wöör ik geern mit di beleven: ....

....

   Dat wull ik di al jümmer mol vertellen: ....

....

Dit Eten kann ik bannig goot koken: ....

  Dat Pienlichste, wat mi al passeert is: ....

....

Ik heff Bammel vör: ....

   Dat weetst du wiss nich vun mi: ....

....

To disse Musik danz ik an'n leefsten: ....

DAT KANN IK   heel goot / geiht so / gor nich goot

	heel goot	geiht so	gor nich goot
Krabben pulen	☐	☐	☐
Stricken	☐	☐	☐
Inparken	☐	☐	☐
Koken	☐	☐	☐
Döntjes vertellen	☐	☐	☐
en Reed holen	☐	☐	☐
Koppreken	☐	☐	☐
Platt	☐	☐	☐
Angeln	☐	☐	☐

MIEN STECKBREEF

DAT BÜN IK

Vör- un Tonaam:
....

Ökelnaam:
....

Hier wohn ik:
....
....

Roop mi an:
....

Schriev mi en Email:
....

Dorher kennt wi uns:
....

Disse Superkraft harr ik geern:
....

Dat mag ik besünners an di:
....

Dat wöör ik geern mit di beleven:
....

Dat wull ik di al jümmer mol vertellen:
....

Wenn ik en Beest weer, weer ik:

....

WI SÜND

- ☐ verwandt
- ☐ Frünnen
- ☐ Kollegen
- ☐ dat is vigeliensch

DIT UN DAT

See \ Meer
Koffie / Tee
Rock \ Slagers
Sommer / Winter
Hund \ Katt
Afbrusen / Baden
Bruus \ still Water
Wien / Beer
Uul \ Nachtigall
Auto / Fohrrad
Schokolaad \ Wust
bunt / swatt-witt
sülvst maken \ kopen

X = Dor weer ik al   O = Dor will ik hen

MIEN STECKBREEF

Vör- un Tonaam:

....

Ökelnaam:

....

Ik kann nich lieden,
wenn mi een so nöömt:

....

So oolt bün ik: ....

So oolt föhl ik mi: ....

Mien Levensphilosophie:

....

....

....

WI SÜND

☐ verwandt

   ☐ Frünnen

☐ Kollegen

   ☐ dat is vigeliensch

DAT BÜN IK

Hier wohn ik:

....

....

Hier wöör ik geern
wohnen:

....

Roop mi an:

....

Schriev mi en Email:

....

 Wenn ik wat Sööts weer, weer ik:

....

50

VERTELL MI WAT

Dorher kennt wi uns: ....

   Disse Superkraft harr ik geern: ....

  Dat mag ik besünners an di: ....

....

Dat wöör ik geern mit di beleven: ....

....

   Dat wull ik di al jümmer mol vertellen: ....

....

Dit Eten kann ik bannig goot koken: ....

  Dat Pienlichste, wat mi al passeert is: ....

....

Ik heff Bammel vör: ....

   Dat weetst du wiss nich vun mi: ....

....

To disse Musik dann ik an'n leefsten: ....

DAT KANN IK	heel goot	geiht so	gor nich goot
Krabben pulen	☐	☐	☐
Stricken	☐	☐	☐
Inparken	☐	☐	☐
Koken	☐	☐	☐
Döntjes vertellen	☐	☐	☐
en Reed holen	☐	☐	☐
Koppreken	☐	☐	☐
Platt	☐	☐	☐
Angeln	☐	☐	☐

JANUOR

FEBRUOR

MART

APRIL

MAI

JUNI

SCHRIEV DI IN!

JULI

AUGUST

SEPTEMBER

OKTOBER

NOVEMBER

DEZEMBER

**Rainer Bösel
aus Gleschendorf**

Rainer Bösel ist 1947, also kurz nach dem Ende des Zweiten Weltkrieges, in dem alten Kirchdorf Gleschendorf, heute Gemeinde Scharbeutz, in Ostholstein geboren.

Er wuchs in einem Haushalt zusammen mit seinen Eltern und Großeltern mütterlicherseits auf. Die Letzteren waren – wie auch schon ihre Vorfahren – in den Dörfern der nahen Umgebung geboren worden und sprachen praktisch nur Plattdeutsch, sodass das jüngste Familienmitglied von Anfang an an diese Sprache und ihren Gebrauch gewöhnt wurde.

Seine Mutter beherrschte das Plattdeutsche wie das Hochdeutsche. Sie spielte mehrfach beim Niederdeutschen Laientheater im Ort mit und ließ sich vereinzelt von ihrem Grundschulkind die Rollen abhören.

Sein Vater brachte als gebürtiger Berliner, der am Kriegsende nach Gleschendorf gelangt war, eine weitere sprachliche Komponente in das Familienleben!

Rainer Bösel studierte nach dem Abitur an der Pädagogischen Hochschule Kiel für das Lehramt an Schulen und wurde im Jahr 2012 nach 46 Dienstjahren pensioniert. Seine Großeltern starben, als er 22 Jahre alt war. Von da an gab es für ihn wenig Berührungspunkte mit dem Plattdeutschen – bis die Corona-Pandemie ausbrach.

Er erinnerte sich, dass seine Großmutter das Wort „Corona" in ihrem Sprachgebrauch gehabt hatte. Dieses war für ihn die „Initialzündung", daraus eine plattdeutsche Geschichte zu schreiben, der viele weitere folgten. Beim Schreiben der oft autobiografisch gefärbten Erzählungen bemerkte er, wie reichhaltig noch sein Erinnerungsschatz an die alte Sprache, ihre Vokabeln und die Redewendungen war.

Inzwischen wurden schon zahlreiche seiner niederdeutschen Beiträge in verschiedenen Blättern und Zeitungen Ostholsteins veröffentlicht.

Rainer Bösel, der mit einer pensionierten Lehrerin seit über fünfzig Jahren verheiratet ist, wohnt auch heute noch in seinem Geburtsort. Die beiden Eheleute haben zwei erwachsene Kinder und fünf Enkelkinder.

**Björn Voges
aus Scharbeutz**

Björn Voges lebt seit 2002 an der Ostsee und wurde 1965 in Braunschweig geboren. In der Region wuchs er in einem kleinen Dorf mit 260 Einwohnern auf einem Mehrgenerationen-Hof auf. Seine Großmutter sprach mit seinem Urgroßvater, der bis 1996 lebte, nur Platt in der niedersächsischen Form.

Zum Zeichnen und Malen kam Björn Voges bereits in der Schulzeit. Mit Fotografie, Acryl-Malerei und Airbrush versuchte er sich in verschiedenen Ausdrucksformen und war als Volkshochschul-Dozent tätig.

Nachdem die inzwischen erwachsenen Kinder aus dem Haus waren und die verstreuten Malutensilien wieder zusammengesucht wurden, begann er 2019 mit der Aquarell-Malerei und kam darüber zum Urban Sketching. Hier treffen sich Gleichgesinnte und zeichnen vor Ort Stadtansichten oder die Umgebung.

Diese Erfahrungen bilden die Grundlage für die Illustrationen in diesem Buch.

Schon gelesen?

PlattSnack

Plattdeutsche
Kurzgeschichten
von Rainer Bösel
mit hintersinnigen
Illustrationen
von Björn Voges

ISBN:

 PlattSnack

 @platt.snack

 platt-snack.de

 moin@platt-snack.de

TSCHÜSS